O cigano do oriente

ALZIRA DA CIGANA DA PRAIA

O cigano do oriente

ALZIRA DA CIGANA DA PRAIA

PALLAS

RIO DE JANEIRO, 2020
1ª EDIÇÃO 1ª REIMPRESSÃO

Copyright © 2010
Pallas Editora

Editoras
Cristina Fernandes Warth
Mariana Warth

Coordenação editorial
Silvia Rebello

Preparação de originais
Eneida Duarte

Produção editorial
Rafaella Lemos

Revisão
Juliana Latini

Projeto gráfico de miolo
Aron Balmas

Editoração eletrônica
Abreu's System Ltda.

Capa
Luiza Aché

(Este livro segue as novas regras do Acordo Ortográfico da Língua Portuguesa.)

Todos os direitos reservados à Pallas Editora e Distribuidora Ltda.
É vetada a reprodução por qualquer meio mecânico, eletrônico, xerográfico etc., sem a
permissão por escrito da editora, de parte ou totalidade do material escrito.

CIP-BRASIL. CATALOGAÇÃO-NA-FONTE
SINDICATO NACIONAL DOS EDITORES DE LIVROS, RJ

A486c

    Alzira, da Cigana da Praia
        Cigano do Oriente / Alzira da Cigana da Praia. - Rio de Janeiro
    : Pallas, 2011.
        112p.

        ISBN 978-85-347-0435-9

        1. Magia cigana. 2. Ciganos. 3. Feitiçaria. I. Título.

11-0746.
                                                                                        CDD: 133.3
                                                                                       CDU: 133.4

Pallas Editora e Distribuidora Ltda.
Rua Frederico de Albuquerque, 56 – Higienópolis
CEP 21050-840 – Rio de Janeiro – RJ
Tel./fax: 21 2270-0186
www.pallaseditora.com.br
pallas@pallaseditora.com.br

SUMÁRIO

Cigano do Oriente, *7*
Uma história muito antiga, 7
O Cigano no espaço, 11
Como agradar o Cigano do Oriente, 14

Magia do Cigano do Oriente, *19*
Simpatias para proteção e firmeza, 20
Simpatias para questões de trabalho, 30
Simpatias para sorte e realização de desejos, 35
Simpatias para riqueza e prosperidade, 43

Oráculos ciganos, *75*
Horóscopo cigano, 75
Oráculos com moedas, 102

Cantigas do Cigano do Oriente, *105*

CIGANO DO ORIENTE

UMA HISTÓRIA MUITO ANTIGA

A história deste nosso cigano começou na Ásia, há muito tempo atrás.

No século 7 da Era Comum[1], os povos da Arábia se uniram e formaram o Império Árabe Muçulmano, que se expandiu rapidamente, dominando os reinos vizinhos. Avançando para o leste, os árabes chegaram até onde hoje ficam o Afeganistão e a Índia. Naquele tempo, essa região era toda ocupada pelos reinos hindus,

---

[1] A Era Comum (E. C.) começa no mesmo ano que a Era Cristã, mas vale para todos os povos, de todas as crenças. Ela é adotada nas relações internacionais e serve para que todos os países usem uma contagem de tempo igual (o que facilita os entendimentos entre eles), mas respeitando a religião de cada. Também devemos usá-la quando falamos de povos que não seguem o cristianismo.

cujo povo era dividido em castas: nobres, sacerdotes, guerreiros e trabalhadores.

Quando os árabes conseguiram conquistar o norte da região, parte dos guerreiros dos exércitos vencidos foi expulsa das cidades e outra parte foi escravizada.

Os guerreiros exilados tornaram-se nômades e, para sobreviver, passaram a negociar com as coisas que conheciam: armas e cavalos. Eles vagavam pelas estradas e se juntaram a grupos de casta baixa formados por músicos, dançarinos, ferreiros e mascates, que também eram proibidos de viver dentro das cidades.

Fugindo dos invasores, os nômades da Índia atravessaram o Oriente Médio na direção do Ocidente. Chegaram à Europa por volta do início do século 15, quando passaram a ser chamados de *egipcianos*, porque todos pensavam que eles vinham do Egito. Na linguagem popular de vários povos europeus, o termo *egipciano* se transformou em *cigano*, *gitano*, *gipsy*, *zíngaro*...

Os árabes continuaram capturando escravos no norte da Índia até o século 19. Esses escravos também eram considerados ciganos, pois todos sabiam que eles pertenciam ao mesmo povo que aqueles nômades, muito morenos e pobres, que vagavam pelo mundo e tinham costumes tão diferentes dos europeus e dos árabes.

No fim do século 18, havia um jovem escravo cigano, pertencente a um comerciante árabe, que negociava com os europeus nos portos do leste da África, vendendo especiarias da Índia, sedas da China e resinas aromáticas da Arábia. O escravo, que em sua terra tinha sido aprendiz de um caldeireiro, cuidava das armas, das ferramentas e de outros utensílios de metal pertencentes ao seu dono. Nas viagens de negócios, ele participava do grupo que fazia a segurança da caravana, pois, lidando com armas, aprendera a usá-las tão bem quanto qualquer guerreiro.

Certa vez, o comerciante encontrou, num dos portos africanos, um navio português que se abastecia de mercadorias destinadas à Europa. O capitão, que também negociava com escravos, comprou o cigano. Ao fazer escala no Rio de Janeiro, vendeu-o a um artesão que lhe ensinou a trabalhar com metais delicados. Logo o escravo cigano tornou-se um excelente ourives, trabalhando na oficina do seu amo.

Foi assim que o escravo cigano chegou ao Brasil. Como ninguém iria conseguir pronunciar o seu nome hindu, ele sempre pedia que o chamassem de Cigano do Oriente.

Como era muito comum naquela época, o Cigano do Oriente passou a trabalhar por conta própria, fora das horas em que precisava ficar na oficina do amo. Ele era o que se chamava de *escravo de ganho*, porque todos os dias, ao voltar para casa, tinha que dar ao senhor parte do dinheiro que conseguira apurar com seu trabalho.

Aproveitando as habilidades da sua antiga profissão, o cigano percorria a cidade e os arredores, oferecendo seus serviços de caldeireiro e vendendo panelas, bacias e candeias de cobre que fazia na oficina, em suas horas vagas.

O Cigano do Oriente era muito esperto e tinha grande habilidade para os negócios. Veja só do que ele era capaz.

Certo dia, ele parou numa casa e pediu um pouco de comida. A dona da casa lhe deu um pão e um copo de leite, deixando que ele se sentasse no quintal para comer. Enquanto comia, o cigano viu um grande caldeirão de cobre, todo sujo e amassado, com um grande furo no fundo, jogado em um canto. Então ele falou com a dona da casa:

— Se a senhora quiser, eu posso tirar essa lata velha daí. Nem vou cobrar nada, porque estou muito grato pela refeição que a senhora me deu.

A mulher aceitou a oferta e o cigano levou a panela estragada. Na oficina, ele limpou, desamassou e consertou o caldeirão, que ficou parecendo de ouro, de tão polido e brilhante.

Alguns meses depois, ele passou pela mesma casa com suas mercadorias. Mostrando o caldeirão consertado, falou:

— Veja que belo caldeirão, novinho em folha! Eu paguei trinta réis por ele e a senhora pode ficar com ele pela mesma quantia, porque, da outra vez que eu passei por aqui, a senhora foi tão boa comigo!

E a senhora, não reconhecendo o caldeirão que dera de graça, pagou para tê-lo de volta! É verdade que ele estava totalmente reformado e agora podia ocupar um lugar de honra na cozinha...

O CIGANO NO ESPAÇO

O Cigano do Oriente não chegou a constituir família, como manda a tradição do seu povo, pois, como escravo, não podia se ligar aos ciganos livres que percorriam o país. Mas ele fez amizade com muitos africanos. Como tinha aprendido muitas coisas em suas antigas andanças, foi de grande ajuda para os novos amigos. O cigano dava bons conselhos quando algum deles temia ser vítima de trapaça, fornecia boas ideias para ganhar dinheiro e até ensinava feitiços e simpatias para quem desejava se proteger de inimigos ou fazer um bom negócio.

Além disso, o Cigano do Oriente ajudava os irmãos, escravos e ex-escravos, que passavam por dificuldades: doava parte dos seus parcos rendimentos à irmandade que juntava dinheiro para pagar cartas de alforria, ajudava famílias pobres e até abrigava escravos que fugiam de amos cruéis. O cigano mostrou verdadeiramente que havia adotado aqueles negros cariocas como sua nova família, seu novo clã.

Vendo essa dedicação ao povo africano, um escravo liberto, que criara um centro de culto da crença dos seus ancestrais, resolveu iniciar o cigano na religião. Desta forma, o Cigano do Oriente passou a frequentar o culto dos inquices que se organizava nos candomblés angola.

O Cigano do Oriente morreu jovem, como acontecia com a maioria dos escravos. Mas continuou a trabalhar nas giras de candomblé angola. Assim, ele foi o primeiro cigano a fazer parte das religiões brasileiras de origem africana.

Depois que a umbanda se organizou, ele passou a frequentá-la como espírito encantado no espaço, de onde zela eternamente por seus irmãozinhos da Terra. Ficou conhecido na religião como Cigano l'Erú (em iorubá, *erú* significa escravo) e é considerado por muitos o líder do Povo Cigano na umbanda.

A umbanda diz que o Cigano do Oriente serve a Ogum e Oxalá. Na tradição dos cultos de origem angola, como membro do Povo Cigano, ele faz parte do Reino da Lira, que reúne os espíritos ligados à música e à dança, como costumam ser os ciganos na Terra e no espaço.

O Cigano do Oriente é um grande batalhador e trabalha sempre para o bem. Ele auxilia todos os que o procuram, mas não admite mentiras: quem quiser obter sua ajuda tem que ser honesto e sincero em pensamentos e ações. Embora goste muito de uma boa roda de canto e dança, o Cigano do Oriente leva tudo muito a sério na hora de trabalhar. Gosta de ser respeitado e de que os consulentes tratem com seriedade seus conselhos e ensinamentos.

Para os videntes, o Cigano do Oriente aparece como um jovem bem moreno, com a cor de pele típica dos indianos, quase tão escura quanto a dos africanos, e com olhos e cabelos pretos.

Diferentemente de outros espíritos ciganos, que apreciam os trajes típicos da Espanha e do leste da Europa, o Cigano do Oriente prefere roupas que lembram as que usou em sua vida entre os árabes. Veste calças largas, no estilo das bombachas, e túnica de mangas compridas, ambas de cor clara. Usa ainda um turbante na cabeça, uma faixa larga como cinto e calçados rústicos. Traz sempre, presos no cinto, um punhal e uma bolsa onde guarda o dinheiro que ganhou com seu trabalho.

COMO AGRADAR O CIGANO DO ORIENTE

O Cigano do Oriente tem sua força maior na lua nova. Por isso, esta é a melhor época do mês para lhe fazer oferendas. Como todo andarilho, o cigano recebe seus presentes ao longo dos caminhos: nas encruzilhadas, nas estradas ou mesmo embaixo de uma árvore no campo ou em um jardim público. Você também pode fazer a oferenda em um altar dedicado a ele, em sua casa, e, depois do tempo de preceito, entregar o material orgânico em um desses lugares externos.

Como é servidor de Oxalá e Ogum, suas oferendas devem ter as cores branca e vermelha (uma delas ou ambas) em velas e adornos. Sua bebida predileta é o vinho. A comida inclui pão e frutas doces (nada de dar laranja ou abacaxi para o Cigano!). Cravos vermelhos são suas flores preferidas. Sândalo, mirra, benjoim e canela são os aromas que podem ser usados como perfumes ou incensos. Para agradar o Cigano do Oriente, você ainda pode lhe dar um punhal novo, um cristal bonito ou algumas moedas bem polidas; mas esses objetos devem ficar num altar dentro da sua casa, não devem ser largados na rua.

Faça sempre uma oferenda limpa e bem arrumada. Quando usar velas, disponha-as com cuidado, para que não provoquem um incêndio. Não deixe garrafas, copos, sacolas ou outros recipientes na rua, pois oferenda não é monturo de lixo. O Cigano do Oriente vai ficar mais feliz se você não sujar o mundo que é a sua morada.

Ponha no lugar da entrega apenas o que a entidade pode usar: um alimento que será reciclado pela natureza, o aroma de um perfume e assim por diante. Espíritos não precisam de vidros, apenas do conteúdo deles. Quando o alimento ou aroma chega no espaço, o espírito o absorve como pura energia, diferente dos materiais grosseiros do nosso mundo físico. Isto quer dizer que, quando entregamos um alimento ou derramamos um perfume ou uma bebida em torno de uma oferenda, a energia de que esse produto é feito vai ser imediatamente incorporada pelo espírito; logo, o vidro e o plástico são desnecessários e só servem para sujar o local.

Lembre-se também de que uma oferenda não tem valor se for feita de modo mecânico. Ela serve para levar seu pedido à entidade. Por isso, enquanto estiver preparando a oferenda, concentre-se em seu desejo e chame a entidade, pedindo-lhe que o realize, ou agradeça o que ela já fez por você. Não se preocupe com as palavras exatas nem com fórmulas prontas: o importante é a força do seu pensamento e a sinceridade do seu coração.

Altar para o Cigano do Oriente

Uma imagem do cigano vestido com trajes árabes
Uma toalha branca
Uma taça incolor
Um punhal pequeno
Um cristal de rocha incolor
Uma jarra para flores
Um suporte para incenso
Um castiçal
Um prato de louça

Este não é um altar completo para o Povo Cigano; podemos dizer que ele é um simples oratório para o Cigano do Oriente. Por isso, não necessita de outras imagens.

Monte o altar em um lugar quieto e reservado, onde você possa meditar e deixar suas oferendas. Ele pode ficar sobre um móvel, uma prateleira.

Abra a toalha no local escolhido. Ponha a imagem sobre a toalha, um pouco para o fundo. Ponha a jarra de um lado e o suporte para incenso do outro. Mais para a frente, dos lados e na frente da imagem, disponha como quiser a taça, o punhal, o castiçal, o cristal e o prato.

O prato e a taça servirão para oferendas de comida e bebida.

Este é o altar básico. Com o tempo, e de acordo com a sua intuição, você poderá acrescentar mais itens, conforme sinta vontade de dar novos presentes ao seu amigo Cigano.

Oferenda para o Cigano do Oriente

*Uma fruta doce (uma maçã bem madura, por
   exemplo)*
Vinho branco
*Uma vareta de incenso de sândalo, mirra, benjoim ou
   canela*
Um cravo vermelho
Uma vela branca comum

Monte a oferenda no seu altar no primeiro dia de lua nova.

Ponha a fruta no prato, sem cortá-la. Encha a taça com vinho. Ponha o cravo na jarra com água fresca. Acenda o incenso e a vela.

Deixe a oferenda no lugar por uma semana. Quando a lua mudar, despeje o vinho em água corrente e despache a fruta e a flor em um jardim. Lave todos os recipientes.

MAGIA DO CIGANO DO ORIENTE

O Cigano do Oriente conhece oráculos, magias e simpatias. Ele trabalha na força da lua nova, porque sua magia se destina a renovar a vida daqueles que o procuram.

As cores de velas e outros materiais das simpatias não correspondem necessariamente às cores preferidas do Cigano, porque não se trata de oferendas, mas de encantamentos em que deve ser seguido o simbolismo mágico das cores: amarelo para riqueza e fartura, vermelho para poder e vitória, preto ou marrom para limpeza e proteção, alaranjado para expansão, violeta para purificação, branco para harmonização e assim por diante.

Se você não conhecer alguns dos produtos citados nas receitas, como pó Vence-demanda, fluido Chama-dinheiro e ímãs de formatos especiais, não se preocupe. Eles podem ser encontrados nas lojas de artigos religiosos, cujos vendedores estão sempre prontos para tirar dúvidas e orientar os clientes.

Não se esqueça: embora não esteja repetido em cada uma das receitas, lembre-se sempre de chamar o Cigano do Oriente, fazer seus pedidos a ele e agradecer o que ele lhe enviou.

SIMPATIAS PARA PROTEÇÃO E FIRMEZA

Para proteger-se de ameaças contra a sua prosperidade

Uma moeda de qualquer valor
Uma pitada de pimenta vermelha seca
Um quadrado pequeno de pano marrom

Ponha a moeda sobre o pano. Polvilhe com a pimenta e embrulhe-a, fazendo uma trouxinha. Carregue na carteira.

Para afastar os feitiços do seu lar

Uma moeda de qualquer valor
Um retalho de pano marrom

Faça uma trouxinha com o pano, tendo a moeda dentro. Prenda essa trouxinha no fogão da sua casa.

Para afugentar inimigos da sua casa

Pimenta-do-reino preta
Sal de cozinha

Polvilhe pimenta e sal em toda a casa. Depois varra tudo e queime o pó da varredura que tem o sal e a pimenta misturados. Leve as cinzas para longe de casa e jogue na terra ou em água corrente.

Para afastar o mau-olhado do seu lar

Uma ferradura

Prenda a ferradura no alto da moldura da porta de entrada da sua casa, pelo lado de dentro, com a abertura voltada para baixo.

Para espantar maus espíritos da sua casa

Algumas cebolas pequenas
Pimenta vermelha fresca ou seca
Tigelinhas de barro

Monte quantas tigelinhas quiser, cada uma com uma cebola cercada por um pouco de pimenta. Coloque-as nos lugares desejados da casa.

Você pode renovar as tigelinhas sempre que estiverem muito murchas. Quando fizer isso, enterre as ervas velhas.

Para evitar que o mal entre na sua casa

Sal de cozinha
Um saquinho de plástico
Caneta ou tinta que fixe bem em plástico

Ponha um pouco de sal no saquinho e feche-o. Desenhe uma cruz no saquinho e ponha-o em algum lugar oculto na entrada da casa: debaixo do tapete, sob o degrau da soleira da porta etc. Quando for limpar o local, tire o saquinho, despache o sal em água corrente (na pia), faça um novo patuá e coloque-o no mesmo lugar.

Para proteger uma pessoa contra malefícios

Uma tesoura

Ponha a tesoura aberta debaixo do travesseiro da pessoa, com as pontas voltadas para a cabeceira da cama. Tire-a para arrumar a cama, mas não deixe a pessoa dormir sem a tesoura.

Para afastar inimigos da sua casa

Uma colher (sopa) de vinagre
Uma colher (sopa) de enxofre em pó
Um pote pequeno

Ponha o vinagre e o enxofre dentro do potinho. Guarde-o dentro de casa.

Quando estiver muito seco, adicione mais vinagre.

Para que um visitante indesejável não volte à sua casa

Pimenta-do-reino preta
Sal de cozinha

Enquanto a pessoa estiver na sua casa, dê um jeito de, disfarçadamente, polvilhar um pouco de pimenta e sal no chão onde a pessoa tem que pisar. Depois que ela sair, varra tudo em direção à rua, empurrando com a vassoura direto pela porta da frente.

Para que um visitante indesejável não retorne

Sal de cozinha

Faça essa simpatia quando o indesejável for embora.

Quando for acompanhar a pessoa até a porta de casa, leve consigo um pouquinho de sal. Quando ela já estiver se afastando, jogue o sal disfarçadamente às suas costas, em direção à rua.

Para proteger a casa de quem quiser jogar mau-olhado nela

Sal de cozinha
Água

Faça esta simpatia toda segunda-feira de manhã.

Misture um pouco de sal em uma porção de água e use a mistura para borrifar a calçada ou a passagem na frente da sua casa.

Para forçar um inimigo a desfazer um feitiço

Um pedaço de flanela vermelha
Uma panela com água

Mergulhe o pano na água, leve ao fogo e deixe-a ferver até secar. Depois guarde o pano dentro da panela em um lugar escondido.

Você não precisa se preocupar em descobrir quem lançou o feitiço; a pessoa que o fez não terá paz de espírito enquanto não o desfizer.

Quando a situação estiver resolvida, lave o pano e a panela em água corrente e se desfaça do pano normalmente.

Para neutralizar alguém que está lhe prejudicando

Um garfo de dois dentes (do tipo usado na cozinha)

Leve o garfo a um local onde a pessoa costuma passar, e que tenha uma parte sem calçamento. Enterre o garfo com os dentes para cima, dizendo:

Em nome do Pai, do Filho e do Espírito Santo.

Mantenha na sua mente a imagem da pessoa que precisa neutralizar.

Na primeira vez que a pessoa passar pelo lugar, seu poder será rasgado e ela não conseguirá mais prejudicar você.

Para afastar más influências que lhe causam insônia

Um frasquinho de água benta

Antes de dormir, borrife água benta em toda a volta do seu quarto, três vezes seguidas, e diga:

> *Em nome do Pai, do Filho e do Espírito Santo.*

Mentalize seu pedido de proteção.

Para quebrar um feitiço mandado por pessoa conhecida

Uma folha de papel

Desenhe no papel a pessoa que você pensa que enviou o feitiço. Leve o papel a uma mata e prenda-o numa árvore bem grossa. Se sua suspeita estiver correta, o feitiço será quebrado.

Para neutralizar alguém que está lhe incomodando

Sal de cozinha

Pegue um punhado de sal com a mão esquerda e vá para um lugar aberto. Diga o nome da pessoa, enquanto joga o sal para trás, por cima do seu ombro direito. Saia do lugar sem pisar no sal.

Para proteger a casa contra feitiços

Pimenta vermelha seca
Sal de cozinha

Ponha um pouco de pimenta e sal nos quatro cantos de cada cômodo da casa.

Renove a simpatia uma vez por mês.

Para quebrar um feitiço

Uma xícara de sal de cozinha
Uma xícara de fubá
Uma xícara de cachaça

Comece esta simpatia à meia-noite.

Ponha tudo em uma lata ou panela velha. Leve ao fogo e deixe cozinhando até queimar. Jogue fora a lata com a massa queimada dentro.

Para se proteger contra qualquer tipo de mal

Uma vara de madeira
Um frasco de pó Vence-demanda

Vá para um lugar sossegado, aberto, onde o pó seja espalhado pelo vento. Quando chegar, observe o local, para saber onde ficam os pontos cardeais.

Usando a vara, trace no chão um círculo em volta de você.

Fique de frente para o oeste. Bata com a vara no chão e diga:

Guia do oeste, me ajude e proteja.

Repita esse procedimento ficando de frente para o norte, o leste e o sul, falando respectivamente com o guia do norte, do leste e do sul.

Em seguida, fique no centro do círculo e recite:

O mal se esconde na sombra,
pronto para me atacar.
Mas com vocês eu sou forte,
dos males vou me livrar.

Então pegue o frasco do pó e vá girando no mesmo sentido em que chamou os pontos cardeais: oeste, norte, leste, sul. Enquanto gira, vá jogando o pó em círculo em volta de você e recite:

> *Mande embora, jogue fora,*
> *Nunca volte a me encontrar.*

Pare por um instante, deixando que o encantamento se espalhe em volta de você. Depois fique de frente sucessivamente para o sul, o leste, o norte e o oeste, agradecendo a ajuda que lhe foi dada pelos guias de cada direção.

Para terminar, trace com a vara um círculo no sentido inverso ao que seguiu para começar a simpatia e vá embora.

Para ser protegido durante a noite

Um raminho de arruda
Uma tigelinha de água com sal

Faça esta simpatia antes de dormir ou assim que anoitecer.

Fique de pé na frente de uma janela da sua casa, olhando para fora. Molhe o raminho de arruda na água salgada e com ele desenhe, no ar, uma estrela de cinco pontas. Enquanto desenha, recite:

> *A bênção, dindinha Lua,*
> *que governa a noite inteira,*
> *vele por mim e minha casa,*
> *até que o dia amanheça.*

Para afastar uma pessoa do seu convívio

Uma tigelinha com tampa
Um pedaço de papel
Vinagre

Desenhe no papel uma casa e faça um grande "X" por cima. Do outro lado do papel, escreva nove vezes o nome da pessoa que deseja afastar. Dobre o papel e ponha-o na tigela.

Encha a tigela com vinagre, tampe e guarde durante nove dias.

Passado esse tempo, derrame o vinagre em água corrente, deixe o papel secar, queime-o e jogue as cinzas ao vento ou em água corrente longe de casa.

Para afastar uma pessoa indesejável

Uma porção de terra de estrada colhida longe de casa
Um caldeirão pequeno
Uma vela branca comum

Encha o caldeirão com a terra e fixe a vela no meio.

Acenda a vela e recite o encantamento, dizendo, onde está escrito [Fulano], o nome da pessoa que deseja afastar:

> *Terras de outro lugar,*
> *[Fulano] vai e eu vou ficar.*

> *Felizes seremos assim,*
> *com [Fulano] longe de mim.*

Deixe a vela terminar de queimar.

Feito isso, durante sete dias seguidos você deve, de alguma forma, entregar para a pessoa uma parte da terra. Você pode passar pela casa dela e jogar o pó diante da porta, colocar no pé de uma planta que haja na casa ou dar à pessoa um objeto qualquer com a terra dentro.

SIMPATIAS PARA QUESTÕES DE TRABALHO

Para conquistar e conservar um bom trabalho

Um pendente da mão da fortuna
Uma caixa de defumador em tabletes Hei de Vencer
Um frasco de perfume Talismã da Sorte ou Abre-caminho

A mão da fortuna é diferente da *chamsa* (mão de Miriam ou mão de Fátima), o amuleto de proteção contra o mau-olhado das tradições judaica e muçulmana. A mão da fortuna também tem a forma de uma mão aberta, mas é modelada de modo bem natural, como se estivesse levemente em concha, e tem um cristal redondo engastado no centro da palma.

Prenda a mão da fortuna em um cordão ou colar, em uma pulseira ou no chaveiro, para levá-la sempre com você. A partir do dia em que fizer isso, durante os nove dias seguintes, antes de ir para o trabalho, passe um pouco do perfume nos pulsos e, durante as noites correspondentes, acenda um tablete do defumador. Passado esse tempo, continue usando sempre a mão da fortuna.

Para resolver questões de negócios, trabalho e dinheiro

Uma nota de valor alto (a maior que tiver no momento)
Um lenço de seda pequeno de cor clara
Sete moedas de qualquer valor

Faça a simpatia à noite, num lugar onde a lua seja visível.

Abra o lenço no chão ou sobre um móvel. Ponha a nota no centro do lenço e, em volta dela, forme um círculo com as moedas, todas com a cara (o lado da figura) voltada para cima.

Deixe o conjunto exposto à lua por sete horas. Depois, guarde o lenço e use o dinheiro normalmente.

Para enfrentar rivalidades e disputas no trabalho

Um pedaço de pano vermelho (guardanapo, toalha, retalho de morim etc.)

Uma maçã
Sete moedas de qualquer valor
Uma agulha
Uma vela branca comum

Abra o pano sobre um móvel. Espete a agulha na maçã e ponha a fruta sobre o pano. Arrume as moedas formando um círculo em volta dela.

Depois de 24 horas, recolha a agulha e as moedas. Use-as normalmente. Entregue a maçã no canto de uma encruzilhada, acendendo a vela ao lado.

Para melhorar os negócios de um profissional autônomo

Uma xícara de folhas frescas de manjericão
Três ímãs redondos pequenos
Uma tigela que não seja metálica
Um litro de água pura
Uma garrafa de 250 ml ou pouco maior, com tampa,
  vazia e limpa

Comece a simpatia na manhã de um dia de lua nova.

Ponha o manjericão, os ímãs e a água na tigela. Deixe a mistura descansar por três dias.

Passado esse tempo, tire as folhas e os ímãs da tigela. Reserve uma parte da água para tomar um banho e ponha o resto na garrafa.

Depois de tomar um banho de higiene comum, tome o banho de atração do pescoço para baixo.

Borrife a água da garrafa no seu local de trabalho: na soleira da porta, nos cantos, em passagens de entrada da clientela.

Ponha as folhas na terra, junto a uma planta.

Leve os ímãs com você ou ponha-os no seu local de trabalho: junto ao computador, no estúdio, na cozinha...

Para aumentar as vendas do seu negócio

Alguns cristais pequenos de malaquita

Se você é o dono do negócio, distribua as pedrinhas de malaquita pelos cantos do estabelecimento, na caixa registradora, nos expositores de mercadorias etc.

Para aumentar seu desempenho em vendas

Um cristal pequeno de malaquita

Se você é um vendedor, leve uma pedrinha de malaquita com você sempre que for trabalhar ou quando for a eventos de negócios (feiras, cursos, seminários etc.).

Para aumentar as oportunidades para quem trabalha por conta própria

Três moedas de qualquer valor

Uma fita vermelha
Canela em pó

Use a fita para fazer um amarradinho com as três moedas juntas. Polvilhe com canela e ponha junto ao telefone ou computador que você usa para fazer contatos de trabalho.

Para ter sucesso em novos projetos

Uma vela vermelha
Uma vela amarela
Essência de patchuli
Manjericão seco
Uma carta do Louco do tarô

Com um instrumento pontiagudo qualquer, escreva nas duas velas o que deseja, o que pretende fazer etc.

Unte as duas velas com a essência e role-as sobre o manjericão pulverizado.

Coloque a carta sobre seu altar ou em outro lugar seguro, ponha uma das velas de cada lado e acenda-as, deixando queimar até o fim.

Enterre a sobra da cera. A carta pode voltar para o baralho.

Para ter sorte no trabalho

Um cristal de quartzo citrino

Coloque o cristal no seu local de trabalho: mesa de escritório, cozinha, estúdio etc.

SIMPATIAS PARA SORTE E REALIZAÇÃO DE DESEJOS

Para ter sorte

Uma agulha
Uma vela alaranjada
Sete moedas de qualquer valor
Um potinho de metal
Um pouco de terra de jardim

Faça a simpatia à noite, num lugar onde possa ver diretamente a lua.

Encha o potinho com a terra. Crave a agulha na base da vela e fixe-a no centro do pote, que deve estar no chão. Acenda a vela e arrume as moedas em volta do pote.

Deite-se no chão, bem perto do pote. Vá pegando as moedas, uma a uma, e pondo sobre seu corpo: na testa, na base do pescoço, sobre o coração, sobre o estômago e no meio da barriga. Pegue as duas últimas e segure uma em cada mão aberta, com a palma voltada para cima.

Fique nessa posição, contemplando a lua, enquanto a vela queima. Quando ela chegar na metade, recolha todas as moedas e sente-se. Segure todas as moedas juntas nas mãos unidas e sacuda-as por sete vezes. A seguir, crave as moedas na terra do pote, formando um círculo em torno da vela. Quando a vela terminar de queimar, ponha o pote em um lugar alto na sua casa.

Esta simpatia pode ser renovada uma vez por mês ou anualmente. Para isso, tire a agulha e as moedas. Jogue a terra em um jardim ou vaso de planta. Lave a agulha, as moedas e o pote em água corrente e repita o procedimento descrito.

Para ter sorte no jogo

Um pedaço de pano amarelo (guardanapo, toalha, retalho de morim etc.)
Uma cuia de casca de coco
Sete moedas de qualquer valor
Papel branco virgem
Uma agulha

Corte tantos pedaços de papel quantos sejam os palpites que tem para o jogo. Esses papéis devem ser iguais e não devem ser grandes, para que caibam todos dentro da cuia.

Escreva em cada papel um dos palpites. Depois dobre cada um duas vezes, misture todos muito bem e ponha dentro da cuia.

Abra o pano sobre um móvel. Ponha a cuia sobre o pano e arrume em volta as moedas, formando um círculo.

Feche os olhos e, com a agulha, espete um dos papéis. Se a agulha trouxer mais de um papel, jogue nos dois palpites.

Para realizar um desejo

Uma ferradura
Uma vela vermelha
Um pedaço de papel
Caneta preta
Uma pinça, ou instrumento parecido, com cabo que não esquente

Fixe a vela em uma base segura (no seu altar ou sobre uma mesa) e acenda-a. Ponha a ferradura em volta dela, com a abertura para a frente.

Escreva no papel o desejo que quer realizar. Enquanto escreve, diga o seguinte:

O que eu quero escrevo assim.
Pegue meu sonho e traga pra mim.
O que eu quero é o que eu vou ter.
Deixe meu sonho acontecer.

Dobre o papel duas vezes. Segure-o com a pinça, ponha-o sobre a chama da vela e deixe-o queimar, enquanto mentaliza seu desejo realizado.

Depois enterre a cinza junto a uma planta.

Pote dos desejos

Um recipiente de tamanho médio que não seja atacado por fogo ou calor (pote de barro, caldeirão etc.)
Algumas velas pequenas de cores variadas
Uma vela branca comum
Moedas de qualquer valor

Pingue no fundo do recipiente algumas gotas de cera das velas de cores diferentes. Elas representam seus diferentes desejos, objetivos e necessidades.

Prenda a vela branca no centro do recipiente, sobre a mistura de ceras coloridas. Ela vai harmonizar tudo que é representado pelas cores diferentes.

Todo dia, logo ao acordar, acenda a vela, jogue uma moeda dentro do recipiente, faça seu pedido para o dia e apague-a. Quando a vela terminar, substitua-a por uma nova.

Quando precisar desesperadamente realizar um desejo, tire uma moeda do pote e "plante-a" em terra fértil. O ideal é colocá-la no vaso onde cultiva uma planta.

Sempre que o pote estiver cheio, retire quase todas as moedas, deixando algumas como "sementes" para que o pote volte a se encher. Use as moedas do pote para pequenos atos de bondade ao acaso, como auxiliar obras de caridade, fazer um agrado às crianças da vizinhança etc. Sua generosidade retornará a você multiplicada por três, de acordo com a lei da magia.

Para atingir um objetivo

Três colheres (sopa) de alecrim
Três colheres (sopa) de benjoim
Duas colheres (sopa) de cominho
Uma colher (sopa) de gengibre seco
Um cristal pequeno da sua preferência
Uma tigela que não seja de metal
Um saquinho de pano amarelo, de trama bem fechada
Um pedaço de fita amarela fina

Comece a simpatia na lua nova.

Ponha todas as especiarias na tigela. Mentalize o objetivo que deseja atingir enquanto mistura as ervas com sua mão dominante (direita, se for destro, esquerda, se for canhoto).

A seguir, ponha o cristal e a mistura dentro do saquinho, fechando-o com a fita.

Guarde o saquinho durante três meses. Passado esse tempo, enterre a mistura de ervas no pé de uma planta e use o saquinho para guardar o cristal. Leve-o com você ou guarde em lugar seguro.

Quando seu objetivo for atingido, você pode colocar o cristal no seu altar ou lavá-lo para fazer outra simpatia.

Óleo da sorte

Uma colher (sopa) de óleo de cozinha comum
Três gotas de essência de manjericão
Três gotas de essência de bergamota
Um frasquinho limpo e com tampa
Uma vela amarela

Ponha o óleo e as essências dentro do frasquinho e agite para misturar bem. Guarde bem tampado, em lugar escuro.

Quando precisar de sorte extra em alguma atividade, pingue uma gota do óleo nas mãos. A seguir, acenda a vela amarela em lugar seguro e vá fazer o que deve.

Para chamar a sorte com cristais

Nove cristais de quartzo citrino
Uma vela amarela

Ponha a vela em um lugar seguro e forme em volta dela um círculo com os cristais. Acenda a vela, fazendo o seu pedido, e deixe-a queimar até o fim.

O ideal é fazer a simpatia no altar do Cigano, deixando depois os cristais no mesmo lugar até que o desejo se realize.

Amuleto da sorte

Um pendente ou anel de quartzo citrino

Use a joia em todas as ocasiões em que precisar de sorte extra.

Incenso da sorte

Duas colheres (sopa) de manjericão
Duas colheres (sopa) de canela
Uma colher (sopa) de tomilho
Uma porção de carvão
Um pote de cerâmica

Use esse defumador no meio do período da lua nova.

Acenda os carvões dentro do pote. Quando estiverem em brasa, jogue sobre eles as ervas misturadas.

Passe na casa toda, da entrada para os fundos. Deixe a mistura terminar de queimar no fundo da casa e ponha as cinzas no pé de uma planta.

Para vencer um desafio

Uma vela vermelha
Um pedaço de papel
Uma pitada de canela em pó
Uma pitada de noz-moscada em pó
Uma pitada de manjericão seco
Uma tigela que não seja metálica

Faça a simpatia três dias antes da data do desafio que precisa vencer.

Misture as ervas na tigela.

Acenda a vela. Fixe o olhar na chama da vela por alguns momentos e escreva no papel o que deseja.

Coloque o papel ao lado da vela e despeje a mistura de ervas em cima dele.

Deixe a vela queimar até o fim.

Deixe o papel com as ervas no lugar durante três dias.

Logo antes de enfrentar o desafio, pegue o papel com cuidado, leve-o para um lugar aberto (pode ser na janela, varanda ou área da sua casa) e sopre o pó para fora, pedindo que ele leve o seu pedido ao Cigano do Oriente.

Depois de enfrentar o desafio, queime o papel e jogue as cinzas ao vento.

Para encontrar um objeto perdido

Um prato de louça branco
Um quadrado de pano branco
Sete moedas
Uma porção de terra de jardim
Uma agulha de costura
Duas velas brancas comuns

Escolha um lugar, sobre um móvel, onde a simpatia possa ficar pelo tempo necessário. Forre o local com o pano e ponha o prato em cima.

Encha o prato com a terra. Arrume as moedas formando um círculo sobre a terra, bem perto da borda do prato, todas com a cara (figura) voltada para cima. Feche os olhos, concentre-se no objeto perdido e crave a agulha na terra, bem no centro do prato.

Feito isso, acenda uma vela de cada lado do prato e vá procurar o objeto. Quando encontrá-lo, desmonte a simpatia e despache a terra em água corrente.

SIMPATIAS PARA RIQUEZA E PROSPERIDADE

Para aumentar os ganhos em seu negócio ou emprego

Sete velas amarelas

Um ímã grande
Uma tigela de metal onde o ímã caiba
Um punhado de limalha de ferro (pode ser palha de
  aço esfarelada)
Um pote de pó Chama-dinheiro
Um frasco de perfume Chama-dinheiro
Sete notas de qualquer valor
Sete moedas de qualquer valor

Comece a simpatia na lua nova, de manhã cedo.

Coloque a tigela num lugar onde ela possa ficar por um longo tempo sem ser mexida. Ponha o ímã no centro da tigela. Unte as velas com o perfume e arrume-as formando uma meia-lua em volta da tigela, por trás dela.

Na primeira manhã, quando terminar de montar a simpatia, pegue uma das notas, salpique-a com uma pitada do pó Chama-dinheiro e coloque-a debaixo do ímã. A seguir, pegue a primeira vela à sua esquerda (e somente essa), unte-a novamente com o perfume e acenda-a. Alimente o ímã, jogando sobre ele uma pitada de limalha, e peça:

Ímã, me traga dinheiro de dia.

Deixe a vela queimar até ficar com a metade do tamanho original e apague-a com os dedos (não sopre a chama).

Na segunda manhã, ponha debaixo do ímã outra nota polvilhada com o pó Chama-dinheiro. Unte e acenda a segunda vela (e somente essa), que está ao lado da que foi acesa na véspera, e faça o seu pedido. Alimente o ímã com limalha e repita o pedido:

Ímã, me traga dinheiro de dia.

Deixe a vela queimar até ficar com a metade do tamanho original e apague-a com os dedos.

Nas manhãs seguintes, repita o procedimento, acendendo a cada dia respectivamente a terceira, a quarta, a quinta, a sexta e a sétima velas. No final dessa semana, todas as velas estarão pela metade, e todas as notas estarão embaixo do ímã.

A partir de agora, você vai trabalhar à noite.

Na primeira noite, unte a primeira vela à esquerda com o perfume e acenda-a. Unte uma das moedas com o perfume e coloque-a junto ao ímã dentro da tigela. Alimente o ímã com uma pitada de limalha e peça:

Ímã, me traga dinheiro de noite.

Deixe a vela queimar até o fim.

Nas seis noites seguintes, repita o procedimento, queimando a cada noite uma das velas, da esquerda para a direita, e adicionando uma moeda à tigela.

Termine a simpatia na lua cheia. Recolha todos os restos das velas e enterre-os na beira de uma estrada ou jogue-os em água corrente. Polvilhe os quatro cantos da sala em que trabalha com o pó Chama-dinheiro.

Tire as notas e moedas da tigela e use-as normalmente. Se você tem um negócio próprio, ponha a tigela com o ímã e a limalha junto da caixa registradora. Se é empregado, coloque-a onde guarda seu dinheiro. Continue alimentando o ímã com limalha uma vez por semana, para que ele conserve o poder de atrair dinheiro para você.

Para que os Reis Magos tragam prosperidade e segurança

Um giz de cera da cor desejada

Faça essa simpatia no dia dos Reis Magos (6 de janeiro), antes do nascer do sol.

Com o giz de cera, escreva no alto de todas as portas externas da sua casa: "G.B.M.". Estas são as iniciais dos nomes dos Reis Magos: Gaspar, Baltazar e Melchior.

Enquanto escreve, peça aos Reis Magos proteção e fartura para todo o ano.

Para ganhar dinheiro na força da lua

Um caldeirão pequeno
Água pura
Uma moeda prateada

Faça essa simpatia à noite, em um lugar onde bata a luz da lua.

Encha o caldeirão até a metade com água. Ponha a moeda dentro dele. Disponha o caldeirão de modo que a luz da lua bata diretamente na água. Passe as mãos delicadamente pela superfície da água, como se estivesse recolhendo a prata da lua. Enquanto isso, recite:

> *A bênção, dindinha Lua,*
> *riquezas me queira dar:*
> *um pouco de ouro e prata,*
> *que eu posso carregar.*

Repita três vezes. A seguir, guarde a moeda e use a água para regar uma planta.

Para acabar com as dívidas

Um pedaço de papel branco com 5 cm de largura e o comprimento que desejar
Uma vela violeta
Um bastão de incenso de sândalo
Um frasquinho de perfume Abre-caminho

Faça a simpatia num domingo durante a lua nova. Se tiver um altar cigano, faça tudo nele.

Escreva todas as suas dívidas em um dos lados do papel. Desenhe uma estrela de cinco pontas do outro lado.

Unte a vela com o perfume, mentalizando seu pedido ao Cigano do Oriente.

Enrole o papel e ponha-o na base do castiçal. Fixe a vela dentro do papel e acenda-a. Acenda também o incenso. Enquanto faz tudo isso, continue mentalizando seu pedido.

Deixe a vela queimar até o fim, de modo que o papel também se queime. Despache as cinzas longe de casa.

Para melhorar seus ganhos

Uma vela amarela
Uma vela branca
Um frasco de perfume Chama-dinheiro
Uma bandeja com cerca de 20 cm de largura

Comece a simpatia em uma quinta-feira logo após o início da lua nova.

Unte as velas com o perfume. Depois coloque-as na bandeja, uma em cada extremidade, separadas por toda a largura da bandeja.

Acenda as velas e peça ao Cigano do Oriente que satisfaça seu pedido. Procure imaginar uma fonte de onde o dinheiro possa vir.

Deixe as velas acesas por um pequeno tempo, e depois apague-as com os dedos (não sopre a chama).

No dia seguinte, na mesma hora, desloque um pouquinho a vela branca, pondo-a um pouco mais próxima da amarela. A vela amarela representa a riqueza, e a branca representa você. Ao fazer esse movimento, você está se aproximando da prosperidade.

Acenda as duas velas e repita o seu pedido. Deixe-as acesas por um tempinho e apague-as com os dedos.

Repita o procedimento durante os seis dias seguintes, fazendo com que, a cada dia, as velas fiquem mais próximas. No oitavo dia, as velas devem estar unidas. Deixe, então, deixe que queimem até o fim.

Ponha as sobras no pé de uma planta.

Para pedir prosperidade por um ano

Uma folha de palha de milho
Uma nota de qualquer valor
Um pedaço de papel branco
Três folhas de louro
Uma fita amarela

Escreva no papel:

Cigano do Oriente,
O dinheiro é como o adubo: só funciona se se espalhar.

Por favor, mande algum para ... (escreva seu endereço).
Obrigado.
... (Assine seu nome)

Ponha esse papel, a nota e as folhas de louro sobre a palha de milho. Enrole, amarre com a fita e pendure por cima da porta de entrada da sua casa ou do seu estabelecimento comercial.

Para receber dinheiro ou objetos que lhe devem

Um pedaço de raiz de dandá (junça)
Um frasco de perfume Chama-dinheiro
Um novelo pequeno de linha amarela (linha de crochê
*   ou bordado, não muito fina)*

Enrole a linha na raiz de dandá, até que ela esteja completamente revestida. Prenda bem com vários nós para que a linha não possa desenrolar-se.

Pingue algumas gotas do perfume na bola e prenda-a por cima da porta de entrada da sua casa, pelo lado de dentro.

Uma vez por semana, pingue mais algumas gotas do perfume na bola, para manter a sua força.

Para obter uma quantia de que precisa

Um ímã no formato de ferradura
Duas folhas de louro

Pó Chama-dinheiro
Um saquinho de pano amarelo
Fita ou linha dourada

Embrulhe o ímã nas folhas de louro. Ponha o embrulho dentro do saquinho e feche-o com a fita.

Leve o saquinho com você ou guarde-o em lugar seguro.

De três em três dias, alimente o saquinho polvilhando-o com uma pitada do pó Chama-dinheiro, até obter a quantia desejada. Então desmanche, ponha as folhas no pé de uma planta e guarde o saquinho e o ímã para quando precisar repetir a simpatia.

Para multiplicar seu dinheiro

Sete moedas e/ou notas de dinheiro corrente, todas de valores diferentes
Um frasquinho de essência de alfazema
Um saquinho de pano amarelo
Uma fita amarela

Borrife generosamente as moedas e notas com a essência. Depois ponha tudo dentro do saquinho e feche-o com a fita.

Leve o saquinho sempre com você durante sete dias. De alguma forma, você deverá receber sete vezes a soma dos valores das notas e moedas que usou na simpatia. Se estiver com muita sorte, seu dinheiro poderá se multiplicar até sete vezes sete vezes!

Para ter sorte em jogos e desafios

Uma fava da sorte
Uma pedrinha pequena de pirita
Pó Chama
Canela em pó
Uma folha de louro
Camomila (flores secas)
Manjericão seco
Um frasquinho de óleo de semente de uva
Um frasquinho limpo e com tampa para guardar a mistura

Ponha no frasco uma pitada de cada um dos dois pós, da camomila e do manjericão. Junte a folha de louro, a fava e a pirita. Encha o frasco com o óleo, tampe e guarde em local escuro.

Quando precisar de um pouco de sorte extra, adicione algumas gotas do óleo da sorte a uma porção de água e tome um banho do pescoço para baixo. Você também pode pingar uma gota do óleo nas palmas das mãos, se sua sorte depender delas.

Para atrair a prosperidade

Uma colher (sopa) de folhas de louro esfareladas
Uma xícara de água

Faça um chá com o louro e a água. Depois que esfriar, coe e use para lavar as soleiras das portas do seu estabelecimento comercial, para atrair fregueses, ou da sua casa, para chamar a boa fortuna.

Para obter uma quantia de que precisa com urgência

Uma vela amarela
Um pedaço de papel no formato de uma nota
Essência de canela
Sete varetas de incenso de patchuli

Comece a simpatia no primeiro dia da lua nova.

Unte a vela com a essência e coloque-a num lugar onde possa permanecer por uma semana.

Escreva no papel a quantia de que precisa e para que precisa.

Ponha o papel embaixo da vela e diga:

> *Esta vela vai queimar*
> *p'ro caminho iluminar,*
> *para que o dinheiro venha*
> *e a conta eu possa pagar.*

Acenda a vela e uma vareta de incenso. Deixe a vela acesa só por uns 15 minutos e depois apague-a, porque ela precisa durar uma semana. O incenso deve queimar até o fim.

No dia seguinte, mais ou menos na mesma hora, acenda novamente a vela e queime outra vareta de incenso, repetindo seu pedido. Como fez na véspera, deixe a vela acesa por apenas 15 minutos.

Repita diariamente a simpatia até completar sete dias. No sétimo dia, queime o papel na chama da vela e deixe-a queimar até o fim. Ponha todas as cinzas da simpatia no pé de uma planta.

Para ter sorte e prosperidade

Um saquinho de pano amarelo
Um punhado de flores secas de camomila
Um punhado de folhas secas de alecrim
Um punhado de folhas secas de manjericão
Um frasquinho de pó de ouro (encontrado em lojas de artigos religiosos)
Uma fita amarela
Uma vela branca
Uma vareta de incenso de canela

Acenda a vela e o incenso. Ofereça-os ao Cigano do Oriente e peça-lhe que ponha sua força no amuleto que você vai fazer, para que ele lhe traga sucesso, prosperidade e boa sorte.

Passe o saquinho rapidamente pela chama da vela (com cuidado para não queimá-lo) e pela fumaça do incenso.

A seguir, ponha as ervas e o pó de ouro dentro do saquinho e feche-o com a fita. Deixe-o durante três dias junto à oferenda para o Cigano.

Passado esse tempo, guarde o saquinho no seu guarda-roupas, na bolsa ou em qualquer lugar próximo a você.

Você poderá repetir a energização do saquinho com a vela e o incenso na próxima lua nova.

Para resolver um problema financeiro urgente

Nove fios de cabelo de milho bem compridos
Uma vela branca
Um copo de suco de uva
Uma maçã

Acenda a vela sobre uma base larga (como um castiçal com uma borda) e segure os nove fios. Vá repetindo este pedido:

> *Meu bom amigo cigano,*
> *me socorra na aflição,*
> *com o dinheiro que eu preciso,*
> *sem causar complicação.*

Conforme você repita o pedido, enrole os fios juntos, em espiral, para que formem uma espécie de corda.

A seguir, dê um nó numa das extremidades e outro nó na outra ponta da "corda":

– 1 -------------------------------- 2 –

Depois dê um terceiro nó no meio da corda. Ela vai ficar dividida em dois segmentos:

– 1 --------------- 3 ---------------- 2 –

Depois dê um nó no centro de cada um dos segmentos da corda, entre o nó da ponta e o do meio. A corda vai ficar dividida em quatro segmentos:

– 1 ------ 4 ------ 3 ------ 5 ------ 2 –

Por fim, dê um nó no meio de cada um desses quatro segmentos, primeiro no segmento da esquerda de cada metade da corda (nós 6 e 7) e depois no segmento da direita dos dois lados (nós 8 e 9):

– 1 – 6 – 4 – 8 – 3 – 7 – 5 – 9 – 2 –

Enquanto faz os nós, continue repetindo seu pedido e imaginando as formas como esse dinheiro poderá vir até você sem prejudicar ninguém.

Feito isso, queime a corda na chama da vela e guarde as cinzas na borda do castiçal. Deixe a vela queimar até o fim. Enterre as cinzas e a maçã junto a uma planta e regue a terra com o suco de uva.

Para multiplicar a riqueza

Um pé de crista-de-galo (pode ser da variedade miniatura, que cabe em vasos pequenos e pequenos espaços)
Uma moeda de qualquer valor
Um saquinho de pano vermelho
Uma fita vermelha

Cuide bem da sua planta. Quando chegar o outono, ponha um papel ou plástico sobre a terra, a fim de recolher algumas das sementes que a crista-de-galo produz nessa época.

Ponha a moeda e as sementes dentro do saquinho e feche-o com a fita. Guarde o saquinho no meio das suas coisas, para que suas necessidades sejam sempre satisfeitas.

Como a crista-de-galo é uma planta anual, ela em pouco tempo vai secar. Ponha adubo no vaso e cuide bem dele para que, das sementes que caíram na terra, novas plantinhas possam brotar.

Para seu dinheiro crescer

*Um pote decorativo de boca larga, que não seja afetado
por fogo ou calor*
*Cinco velas vermelhas pequenas (do tipo "velinhas de
aniversário")*
Um pau de canela grande
Louro em pó
*Um punhado de troco miúdo (as moedinhas que achar
no fundo da bolsa)*

Ponha o pote num lugar onde ele possa ficar permanentemente.

Arrume dentro do pote as moedas, o pau de canela e uma das velas. Polvilhe tudo com uma boa pitada de louro, dizendo:

> *A terra esconde,*
> *o fogo aquece.*
> *De cinco em cinco,*
> *a grama cresce.*

Acenda a vela e deixe-a queimar até o fim.

No dia seguinte, retire as sobras da vela queimada e ponha no pote mais algum trocado que tenha sobrado das despesas, agradecendo ao Cigano por lhe ter dado essa riqueza a mais. A seguir, coloque a segunda vela dentro do pote, acenda-a e deixe-a queimar até o fim.

Repita a simpatia por mais três dias seguidos, usando assim todas as cinco velas. No fim desse tempo, seu dinheiro mágico estará carregado, ativado e energizado.

Continue pondo no pote as pequenas sobras de dinheiro de cada dia. Mas não deixe o dinheiro parado, pois o que não se movimenta fica estéril e morre. Tire sempre do pote o que precisar para suas despesas e também para fazer algo de bom, um ato de generosidade que retornará triplicado para você. Tenha apenas o cuidado de deixar pelo menos cinco moedas no fundo do pote, como "sementes" para que seu dinheiro continue a crescer.

Para ganhar algum dinheiro extra

Uma vela amarela
Essência de patchuli
Um pouco de canela em pó
Um pouco de manjericão seco
Um pouco de tomilho seco
Um pratinho de metal ou cerâmica

Misture as ervas no pratinho.

Unte a vela com a essência e role-a sobre a mistura.

Fixe a vela no próprio pratinho, acenda-a e deixe-a queimar até o fim.

Recolha o resto da cera derretida e guarde-o onde costuma levar o dinheiro: bolsa, carteira, porta-moedas etc.

Pote da riqueza

Um pacote de sementes de linhaça
Três espigas de trigo
Três paus de canela
Três moedas de qualquer valor
Um pote
Um saquinho amarelo
Uma fita amarela

Forre o fundo do pote com uma pequena porção das sementes. Arrume as moedas por cima.

Termine de encher o pote com o resto das sementes, reservando um punhadinho.

Espete as espigas e os paus de canela no pote.

Ponha as sementes reservadas dentro do saquinho, feche-o com a fita e coloque-o dentro da carteira ou da bolsa.

Você pode renovar o pote uma vez por ano, aproveitando o próprio pote e as moedas e entregando as sementes e ervas num lugar com terra e plantas. Quando fizer isso, troque também as sementes do saquinho.

Para melhorar sua situação financeira

Uma vela amarela
Essência de patchuli

Com um instrumento pontiagudo qualquer escreva na vela seu nome, a data do seu nascimento e algo que represente dinheiro ou riqueza para você.

Pingue um pouco da essência na mão, passe-a na vela nove vezes seguidas, do centro para a ponta superior (o lado do pavio), e depois nove vezes do centro para a ponta inferior. Enquanto faz isso, pense em suas necessidades e no que precisa resolver com dinheiro.

Por fim, ponha a vela no castiçal, acenda-a e deixe-a queimar até o fim.

Para resolver um problema financeiro urgente

Uma vela amarela
Uma vela preta
Linha amarela
Um castiçal com um espeto para fixar velas (pode ser um prendedor de papéis)

Com um instrumento pontiagudo qualquer escreva na vela preta o que quer mandar embora: pobreza, dívidas etc. A seguir, escreva na vela amarela, de forma bem específica, o que quer receber.

Recorte a base das duas velas, expondo o pavio, de modo a poder acendê-las pelos dois lados.

Amarre as velas juntas com a linha.

Prenda as velas horizontalmente no espeto do castiçal e acenda os dois lados das duas, deixando-as queimar até o fim.

Para ter sempre dinheiro no bolso

Uma porção de casca de cebola
Uma porção de casca de alho
Uma pitada de açúcar
Um vaso para planta com terra fértil
Uma muda de planta da sua preferência

Torre a casca de cebola com a casca de alho e o açúcar.

Deixe esfriar e enterre a mistura no vaso.

A seguir, plante a muda por cima.

Cuide bem da planta para que seu dinheiro também fique sempre viçoso.

Boas novas do seu dinheiro

Um saquinho de pano amarelo

Se você achar, de modo inesperado, uma fita amarela ou uma flor também amarela, isto é um augúrio de que há dinheiro a caminho.

Pegue a flor ou fita, coloque-a dentro do saquinho e leve-a sempre com você, para chamar mais dinheiro.

Para afastar a pobreza

Um pote transparente
Um pacotinho de sal grosso
Um punhado de manjericão
Um punhado de salsa
Uma turquesa

Misture o sal com o manjericão e a salsa.

Encha o pote com essa mistura e fixe a turquesa bem no centro, enterrando-a com um pouco no sal.

Ponha o pote na cozinha da sua casa.

Renove o pote uma vez por ano, despejando o sal em água corrente e reaproveitando o pote e a turquesa.

Para atrair prosperidade no Ano-novo

Uma pedra coletada ao acaso

No dia do Ano-novo, dê uma caminhada em algum lugar que aprecie. Observe o ambiente para encontrar uma pedra que lhe chame a atenção. Não importa o tamanho: ela pode ser bem pequena, o importante é que tenha atraído você.

Leve a pedra para casa e coloque-a em um lugar de destaque.

Guarde essa pedra por um ano para que sua casa se encha de fartura e prosperidade.

No próximo Ano-novo, procure uma nova pedra e deixe em troca a que pegou no ano anterior. Deixe-a no lugar onde pegou a nova pedra; não é preciso voltar ao lugar onde pegou a pedra no ano anterior. O essencial é que você devolva ao mundo a força que lhe ajudou, para que ele se energize novamente e outros possam se beneficiar dela.

Patuá de prosperidade

Três ímãs redondos (no formato de moedas)
Três moedas mais ou menos do mesmo tamanho dos
  ímãs
Um quadrado pequeno de pano amarelo
Linha amarela
Uma vela amarela

Acenda a vela.

Arrume os ímãs e as moedas sobre o pano, formando uma fila com um ímã, uma moeda e assim sucessivamente, sempre alternando os objetos.

Embrulhe o conjunto com o pano e amarre-o com a linha do modo que achar melhor. Enquanto faz isso, pense no que deseja e precisa e faça seus pedidos ao Cigano.

Deixe a vela queimar até o fim e enterre as sobras.

Ponha o patuá no lugar onde guarda o dinheiro.

Para ganhar um dinheiro extra realmente necessário

Uma nota de valor baixo
Canela em pó
Manjericão seco
Pimenta-da-jamaica seca
Um saquinho amarelo de pano ou plástico

Polvilhe uma pitada de cada especiaria sobre a nota. Dobre-a em quatro e guarde-a dentro do saquinho.

Leve o patuá sempre com você, enquanto estiver realmente precisando ganhar um dinheiro extra.

Depois você poderá desmanchar o amuleto e usar a nota, pois ele não terá mais poder.

Para ter sorte em assuntos financeiros

Um cristal pequeno de quartzo incolor
Um saquinho de pano amarelo de trama bem fechada
Linha amarela
Canela em pó
Manjericão seco

Pimenta-da-jamaica moída
Açúcar

Faça uma mistura de quantidades iguais de canela, manjericão, pimenta-da-jamaica e açúcar.
Ponha a mistura e o cristal dentro do saquinho.
Feche o saco e sacuda-o para ativar.
Leve o patuá sempre com você.
A cada três meses, renove o patuá: queime a mistura de especiarias e reutilize o cristal e o saquinho com uma mistura nova.

Para que sempre entre algum dinheiro em sua casa

Uma fava de Chama-dinheiro
Açúcar
Cachaça
Um frasquinho transparente com tampa

Ponha a fava dentro do frasco com três pitadas de açúcar.
Encha o frasco com cachaça e tampe-o bem.
Deixe o frasco sempre na janela da cozinha da sua casa.
Uma vez por ano, renove a simpatia. Despeje a cachaça em água corrente, enterre a fava e lave o frasco antes de enchê-lo com material novo.

Patuá da riqueza

Um pedaço de madrepérola
Uma peça de prata (um brinco, um pingente, uma moeda etc.)
Um pedaço de papel dourado
Uma fita amarela
Essência de patchuli
Duas velas amarelas

Unte a madrepérola com a essência de patchuli, enquanto projeta nela sua necessidade de dinheiro.

Coloque a madrepérola e a peça de prata em cima do papel dourado (que deve estar com o avesso voltado para cima).

Faça um embrulhinho bem firme e amarre-o com a fita.

Ponha o patuá entre as duas velas, acenda-as e deixe queimarem até o fim.

Enterre a sobra da cera e guarde o patuá na sua bolsa para levá-lo sempre com você.

Para aumentar seus ganhos por três meses

Três moedas prateadas
Três colheres (sopa) de sândalo em pó
Duas colheres (sopa) de pó Chama-dinheiro

Um saquinho de pano amarelo, de trama bem fechada
Fita ou linha amarela

Ponha as moedas, o pó Chama-dinheiro e o sândalo dentro do saquinho.

Misture os ingredientes com as pontas dos dedos, enquanto imagina tudo que vai lhe acontecer de bom com o aumento de seus ganhos.

Feito isso, feche o saquinho com a fita.

Leve o saquinho com você durante três meses, que é a duração do seu poder.

Se quiser renová-lo, enterre os pós e reutilize as moedas e o saco.

Para dobrar seu dinheiro

Um pedaço de gengibre fresco (escolha uma raiz
 inteira, sem cortes)
A quantia que você quer duplicar, de preferência em
 moedas
Um prato qualquer

Faça esta simpatia do meio para o fim do período da lua nova, quando ela estiver bem crescida no céu.

Ponha o gengibre no prato e arrume o dinheiro em volta dele.

Ponha o prato num lugar onde seja possível ver a lua diretamente e deixe-o lá durante a noite inteira.

No dia seguinte, enterre a raiz do gengibre (em um vaso ou canteiro) e use o dinheiro normalmente.

Dentro de um mês, a quantia inicial deverá ser duplicada de alguma forma.

Para satisfazer uma necessidade financeira

Uma fita amarela
Essência de patchuli

Primeiro pense qual é a sua necessidade atual em termos de dinheiro. Repare bem: a simpatia não trata do que você QUER, mas do que você realmente PRECISA. Imagine o que vai acontecer quando você obtiver essa quantia.

Agora, dê nove nós na fita. Enquanto estiver dando cada nó, fale em voz alta, de modo bem claro e específico, o que você precisa.

Feito isso, pingue uma gota de essência em cada nó. A cada gota, repita em voz alta o que falou enquanto dava os nós.

Guarde a fita na gaveta das suas roupas, use-a na bolsa, pendure-a na porta de entrada da sua casa ou coloque-a no vaso de uma planta dentro de casa. Não mexa mais nela.

Para seu dinheiro aumentar

Uma vela amarela
Um pratinho (pode ser o que está no altar do Cigano)

Algumas moedas de qualquer valor

Com um instrumento pontiagudo qualquer, escreva na vela o que deseja.

Derreta um pouco a base da vela e fixe-a no centro do prato.

Arrume as moedas em torno da vela.

Acenda a vela e recite:

> *Dinheiro a crescer, dinheiro a brotar,*
> *Vela queimando, me ajude a ganhar.*
> *Dinheiro a crescer, dinheiro a brotar,*
> *Chama brilhante, o que é meu vai chegar.*

Quando a vela terminar de queimar, enterre o resto da cera e use as moedas normalmente.

Incenso para atrair dinheiro

Açúcar
Canela em pó
Manjericão seco
Pimenta-da-jamaica moída

Prepare o incenso na lua nova, misturando partes iguais dos ingredientes.

Queime-o em uma tigela de cerâmica com carvão em brasa.

Vá por toda a casa, da porta de entrada para dentro, defumando todos os cômodos. Deixe terminar de queimar nos fundos da casa e enterre as cinzas, já frias, junto a uma planta.

Para que o dinheiro sempre entre na sua casa

Uma noz-moscada inteira
Um saquinho amarelo
Uma fita amarela
Pó Abre-caminho

Ponha a noz-moscada dentro do saquinho. Polvilhe sobre ela um pouco do pó Abre-caminho, fechando o saquinho com a fita.

Ponha o saquinho no lado de dentro da porta mais usada pelos moradores da casa para sair e entrar.

Patuá dinheiro rápido

Um tablete de defumador Chama-dinheiro
Essência de patchuli
Um pedaço de papel amarelo
Sete moedas
Sete grãos de feijão
Um saquinho vermelho
Uma fitinha vermelha

Faça a simpatia na segunda metade da lua nova.

Acenda o tablete de incenso.

Pense no que você precisa resolver e de quanto precisa para isso.

Escreva no papel a quantia exata e, abaixo, escreva: "URGENTE".

Unte o papel com a essência e ponha-o dentro do saquinho.

Unte cada moeda com a essência, enquanto visualiza o dinheiro vindo para você, e coloque-a dentro do saquinho.

Repita o mesmo procedimento com os grãos de feijão.

Feche o saquinho com a fita e leve-o com você até obter a quantia que pediu. Depois queime o papel, enterre as cinzas com os grãos e reutilize as moedas e o saco.

Seu dinheiro mágico

Papel na cor desejada
Caneta(s) na(s) cor(es) desejada(s)

Corte um pedaço de papel no formato de uma nota comum, ou em outro formato que preferir.

Crie nesse pedaço de papel a sua própria moeda, com as cores e os símbolos que desejar, usando toda a sua criatividade. Você pode encontrar formas de representar na nota seus desejos, objetivos e necessidades.

Pendure sua nota num lugar bem visível, para que ela lhe traga riqueza e prosperidade.

Velho feitiço cigano de riqueza

Três moedas de qualquer valor

Comece a simpatia na lua nova.

Guarde as três moedas escondidas na sua roupa e vá até um lugar onde haja uma mangueira.

Pressione cada moeda contra a casca da árvore, para que o poder da mangueira seja transmitido para o seu desejo.

Volte para casa e gaste as três moedas o mais rápido possível, em alguma coisa que lhe dê prazer e satisfação.

Por quatro vezes, uma vez a cada uma das quatro semanas seguintes, volte a visitar a árvore, para retomar o contato com as suas moedas que estão viajando pelo mundo.

Lá pelo fim desse mês, suas moedas terão se enchido de energia e se multiplicado, dando-lhe a prosperidade desejada.

ORÁCULOS CIGANOS

HORÓSCOPO CIGANO

O horóscopo cigano tem doze signos, que começam nas mesmas datas dos signos da tradição europeia. A diferença entre eles está nos símbolos, que consistem em objetos do cotidiano dos ciganos.

Punhal

Período: de 21 de março a 20 de abril
Signo zodiacal: Áries
Planeta regente: Marte
Dia da semana: terça-feira
Metal: ferro
Perfume: lavanda
Pedra: esmeralda
Cor: vermelho

SIMBOLISMO

O punhal foi a principal arma e ferramenta do cigano nos tempos antigos. Andando a cavalo de um lado para outro, o viajante precisa carregar pouca coisa, e o que carrega precisa ser leve e pouco volumoso. A arma precisa estar bem à mão para defender o cigano e sua família de ataques repentinos. O punhal atende a todas essas exigências: preso no cinto, pode ser empunhado rapidamente. Além de ser arma de defesa, serve para caçar, limpar e cortar alimentos, abrir caminho nas matas e fazer outras tarefas do cotidiano. Com todas essas funções, representa a capacidade de abrir caminhos e superar obstáculos, o pioneirismo, a força de vontade, o espírito de luta. Simboliza também dinamismo, força, sucesso e honra.

O NATIVO DO SIGNO

É uma pessoa irrequieta, firme, ousada, espontânea e dinâmica, cheia de vitalidade e energia. Tem muita determinação e coragem, sendo capaz de superar os obstáculos mais difíceis. Tem espírito pioneiro, gosta de enfrentar desafios, nunca foge de uma batalha e detesta a ideia de fracassar, lutando até o fim para vencer. Por isso se sai bem em esportes, artes marciais e cargos de chefia e liderança.

Tem uma personalidade forte, quer ser independente e odeia ser subestimada, podendo tornar-se agressiva se isso ocorrer. Não é econômica, mas sabe controlar o dinheiro.

Nos relacionamentos afetivos, tende a colocar os próprios desejos acima da vontade do parceiro. Mas é um amante intenso, que se realiza ao dar e receber prazer. Ama demais e adora sexo. Poucas vezes se mantém fiel, pois gosta de aventuras e não aceita abrir mão de emoções apenas para cumprir com deveres ou compromissos.

O lado negativo da sua personalidade inclui o comportamento agressivo, a dificuldade de controlar as emoções e o egoísmo.

CONSELHO

Tome cuidado para não magoar as pessoas com palavras ou ações.

Coroa

Período: de 21 de abril a 20 de maio
Signo zodiacal: Touro
Planeta regente: Vênus
Dia da semana: sexta-feira
Metal: cobre

Perfume: rosa
Pedras: safira azul, esmeralda
Cores: verde-claro, rosa

SIMBOLISMO

As famílias ciganas sempre armazenavam e transportavam suas riquezas na forma de joias de ouro. Por isso, a coroa simboliza riqueza, fartura, prosperidade e segurança material. E o símbolo da realeza em todo o mundo também representa poder e nobreza. Por associação de ideias, simboliza elegância, beleza, refinamento — tudo que o dinheiro pode comprar em termos de conforto e estética.

O NATIVO DO SIGNO

Tem o conforto material e a estabilidade financeira como suas grandes prioridades. Quando enfrenta problemas nessas áreas, fica tão ansioso que isso pode afetar outros campos da vida.

Firme e obstinado, não recua nem desiste, tentando vários caminhos e enfrentando todos os obstáculos para atingir seus objetivos. Chega a ser teimoso e pode persistir num erro apenas para não admitir sua falha. Entretanto, como é sensato, o mais frequente é que tome as decisões certas.

Tem capacidade de liderança e habilidade para administrar. Prefere trabalhar por conta própria, dando-se bem assim, pois sabe lutar pelo que quer, é objetivo e firme em relação às suas intenções.

É criativo e aprecia o campo das artes. Seu amor à elegância o destaca e valoriza.

Nos relacionamentos afetivos, valoriza a fidelidade, a confiança e a sinceridade. É romântico, sensível e emotivo, e não aceita que brinquem com seus sentimentos. É leal e, quando encontra alguém que o ame e o compreenda, se entrega totalmente ao relacionamento.

Seus aspectos negativos incluem a intransigência, a tendência a controlar outras pessoas e a procupação excessiva com a aparência exterior.

Conselho

Controle sua mania de controlar os outros. Seja mais flexível e preocupe-se menos com a aparência.

Candeia

Período: de 21 de maio a 20 de junho
Signo zodiacal: Gêmeos
Planeta regente: Mercúrio
Dia da semana: quarta-feira

Metal: níquel
Perfume: floral
Pedras: topázio, magnetita
Cores: amarelo, ocre

SIMBOLISMO

A candeia é um dos mais antigos meios de iluminação artificial, pois exige apenas um recipiente de barro ou metal, um pouco de óleo e um pavio. Nas caravanas ciganas antigas, era a única fonte de luz no interior das carroças e tendas.

Por isso, a candeia simboliza a luz. Por associação de ideias, representa clareza de pensamentos, esperteza, vivacidade e veracidade. É a sabedoria que mostra o caminho e afasta as trevas da ignorância. Também simboliza a vitória da razão sobre o instinto, pois é a luz artificial, criada por pessoas, que supera a escuridão natural. É ainda a luz da verdade que desfaz as sombras da mentira.

O NATIVO DO SIGNO

É uma pessoa comunicativa e capaz de fazer muitos amigos, pois cativa as pessoas com sua alegria e descontração.

Adora estudar e pesquisar. Com sua inteligência brilhante e seu raciocínio ágil, raramente deixa de compreender alguma coisa, sendo capaz de ver com clareza os fatos mais obscuros e mal explicados.

Tem talento para escrever. Versátil e habilidoso, adapta-se bem a situações novas, o que favorece bastante as atividades profissionais.

No campo afetivo, tende a pôr as emoções em segundo plano, pois é muito racional. Não desiste de uma conquista, mas nunca se envolve inteiramente, não se entrega à paixão e a expectativas românticas, não se prende inteiramente a nada nem a ninguém. Dá prioridade aos aspectos objetivos e práticos do relacionamento, ao companheirismo e à afinidade intelectual.

Preza muito a própria liberdade e não aceita ficar com uma pessoa que tente tolher a sua liberdade.

O aspecto negativo da sua personalidade é a dificuldade para ser fiel.

CONSELHO

Não tente abarcar o mundo inteiro em seus braços. Querer fazer tudo de uma só vez pode não ser o caminho para encontrar a felicidade.

Roda

Período: de 21 de junho a 21 de julho
Signo zodiacal: Câncer

Planeta regente: Lua
Dia da semana: segunda-feira
Metal: prata
Perfume: rosa, patchouli
Pedra: esmeralda
Cores: branco, prateado

SIMBOLISMO

A roda da carroça é o símbolo maior do povo cigano. Com a terra abaixo e o céu acima, como aparece na bandeira cigana, diz que o mundo é a casa do cigano e o movimento é seu modo de viver.

Girando sobre si mesma, simboliza o ciclo da vida — nascimento, morte, renascimento —, as mudanças de estado de todas as coisas, as viradas do destino e da sorte que sobe e desce, a passagem do tempo que faz cada estação do ano e cada fase da lua ir e vir.

Por associação de ideias, a roda simboliza movimento cíclico, evolução, mudança, caminho em direção ao equilíbrio.

O NATIVO DO SIGNO

É emotivo, sonhador, tranquilo e dócil. Entretanto, como é inseguro, pode ter explosões de irritação.

Tem forte ligação com mulheres e com a gestação. Apegado ao passado, dá muito valor à família e às tradições. Isto o torna muito confiável, mas pode dificultar a realização de projetos pessoais para o futuro.

No campo afetivo, ama com intensidade, mas a insegurança o torna muito ciumento. Por isso, para se realizar, precisa construir um relacionamento estável.

Sente grande necessidade de segurança, em especial no plano afetivo. Mesmo que sua vida não seja muito estável ou organizada, sempre encontra um modo de se firmar em alguma coisa geralmente ligada aos relacionamentos que estabeleceu ao longo da vida, aos quais pode recorrer nos momentos difíceis.

Sua melhor arma para tomar decisões é a intuição, que é muito aguçada.

CONSELHO

Aprenda a dosar as coisas de modo que o passado sirva de experiência, mas não o impeça de caminhar, avançar, evoluir.

Estrela

Período: de 22 de julho a 22 de agosto
Signo zodiacal: Leão

Planeta regente: Sol
Dia da semana: domingo
Metal: ouro
Perfume: sândalo
Pedra: rubi
Cores: amarelo, alaranjado, dourado

SIMBOLISMO

No tempo em que a bússola, o telefone e outros recursos tecnológicos ainda não existiam, as estrelas eram a única a forma de orientação disponível nas noites escuras. Por isso, sempre foram vistas como guias pessoais.

A estrela do céu aponta o caminho e alimenta a esperança de chegar ao destino. Por isso simboliza proteção, evolução e sucesso.

A estrela cadente, segundo a tradição, pode atender a um pedido. Então, são adicionadas, ao simbolismo da estrela a sorte e a realização de desejos.

O NATIVO DO SIGNO

É inteligente, criativo, determinado, dotado de senso de liderança e muito requintado. Charmoso e autoconfiante, atrai simpatia e respeito onde estiver. Vive intensamente e tem um talento especial para se rodear de amigos, mas sempre quer que tudo seja feito do seu modo. Aprecia mandar e se sobressair aos demais, o que o faz parecer egoísta.

Tem consciência das próprias qualidades, e isso pode torná-lo vaidoso e arrogante. Entretanto, é sinceramente bom, generoso e leal.

Brilhante, atraente e magnético, pode se dar muito bem nas artes cênicas.

Nos relacionamentos afetivos, gosta de ser bem tratado e precisa sentir-se realmente amado pelo parceiro. Recompensa a dedicação do outro oferecendo afeto verdadeiro e apoio incondicional. Muito sensual, dá grande valor à afinidade física na vida a dois.

CONSELHO

Não queira ser o centro do universo: pessoas assim são irritantes.

Sino

Período: de 23 de agosto a 22 de setembro
Signo zodiacal: Virgem
Planeta regente: Mercúrio
Dia da semana: quarta-feira
Metal: níquel
Perfume: gardênia

Pedras: ágata, turmalina
Cores: azul-marinho, verde

SIMBOLISMO

Durante muitos séculos, na Europa, os sinos das igrejas foram os relógios das comunidades. Ouvidos de longas distâncias, anunciavam não só aos que estavam nas casas vizinhas, mas também ao trabalhadores nos campos, os momentos importantes da vida cotidiana: o amanhecer, hora de começar o dia de trabalho; o meio-dia, hora do almoço; o anoitecer, hora de voltar para casa.

Os sinos também eram usados para alertar, chamar e organizar a comunidade nas emergências. Seu toque fora de hora reunia todo o povo para pegar em armas, apagar um incêncio, enfrentar uma enchente ou fugir de uma epidemia.

Feito de metal resistente, fixado em seu lugar para a eternidade, manobrado com precisão, o sino representa durabilidade, confiabilidade, exatidão, perfeição, firmeza.

O NATIVO DO SIGNO

É uma pessoa organizada e ambiciosa, que procura ultrapassar as próprias metas. Suas principais características são: método, disciplina, honestidade e precisão. Não tolera situações dúbias ou mal resolvidas. Gosta de planejar suas atividades e quando algo está mal explicado procura esclarecer tudo rapidamente. Por isso, se dá bem em atividades administrativas.

É muito inteligente, analista e crítico. Tem uma personalidade forte mas é tímido e desconfiado, além de ter tendência para o misticismo que pode se transformar em superstição.

Dedicado ao trabalho, costuma colocar as questões profissionais em primeiro plano na sua vida. Se as coisas não estiverem andando bem neste setor, fica ansioso e emocionalmente abalado. Entretanto, é comum conseguir superar o problema, pois é persistente e continua lutando até vencer.

Acha que a vida é para ser aproveitada ao máximo, mas de modo consciente e sem exageros. Não desiste facilmente dos seus objetivos, mesmo que isso signifique entrar em conflito com outras pessoas ou passar por momentos de angústia. Mas aguenta o sofrimento com resignação, sem se revoltar, pois sabe que os altos e baixos são inevitáveis na vida.

Nos relacionamentos afetivos, dá muito valor à sinceridade, à fidelidade e ao afeto verdadeiro. Se a relação passar por uma crise, faz tudo para resolver a situação. Sua evolução espiritual ocorre a partir do trabalho e de uma vida íntegra e honesta.

CONSELHO

Evite ser muito crítico, pois isso pode lhe acarretar problemas.

Moeda

Período: de 23 de setembro a 22 de outubro
Signo zodiacal: Libra
Planeta regente: Vênus
Dia da semana: sexta-feira
Metal: cobre
Perfume: alfazema
Pedra: diamante rosado
Cores: rosa, azul

SIMBOLISMO

O dinheiro é o meio essencial de sobrevivência na sociedade: com ele é possível conseguir alimento, água, moradia, agasalho. Ele é particularmente importante para o nômade, que não tem um pedaço de terra onde plantar, criar animais e fazer uma casa. Mas, com um punhado de moedas, o cigano pode obter tudo isso onde quer que vá.

Desta forma, a moeda representa, antes de tudo, riqueza, prosperidade, fartura, proteção e segurança.

Toda moeda tem duas faces. Por isso, simboliza também os dois lados de uma situação, o equilíbrio, a justiça, a união dos opostos.

A cara (o lado da figura) representa a riqueza material; a coroa, a espiritual. Às vezes, a cara predomina na nossa vida: então somos realistas e práticos. Em outros momentos, prevalece a coroa: ficamos então mais voltados para as emoções e a espiritualidade.

O NATIVO DO SIGNO

É uma pessoa sensível, charmosa, sentimental, emotiva, carinhosa e romântica, que quer sempre estar apaixonada. Charmosa e comunicativa, facilmente atrai as atenções onde estiver.

É diplomático, justo, equilibrado, leal e flexível. Em qualquer situação conflitiva, procura analisar os dois lados e prefere tentar uma conciliação a tomar partido de um dos contendores.

Gosta de conforto e de se cercar de um ambiente bonito e prazeroso, mas não faz questão de riqueza e aprecia um modo de vida simples. É ajudado por seu otimismo, que não lhe permite desanimar diante das dificuldades.

Dá um grande valor aos relacionamentos afetivos, à amizade e à ternura. A felicidade derivada de um relacionamento amoroso é a maior prioridade da sua vida, e precisa encontrar um parceiro em quem confie e que corresponda às suas expectativas afetivas. Na busca do par ideal, poderá passar por muitos relacionamentos e até ser infiel. Mas quando encontrar o que procura, fará tudo para viver em harmonia.

CONSELHO

Cultive os afetos verdadeiros e não se deixe levar pelas aparências.

Adaga

Período: de 23 de outubro a 21 de novembro
Signo zodiacal: Escorpião
Planeta regente: Marte
Dia da semana: terça-feira
Metal: ferro
Perfume: almíscar
Pedras: opala, topázio
Cores: púrpura, marrom

SIMBOLISMO

A adaga é um tipo de espada curta, feita de metal muito forte. Ela é puramente uma arma de defesa e ataque, ao contrário do punhal, que tem utilidades pacíficas. O uso tradicional da adaga na Idade Média era defender o duelista, aparando a espada do adversário e até quebrando sua lâmina, enquanto o indivíduo atacava com a espada na outra mão.

A adaga tem um simbolismo ambíguo: evoca a covardia e a traição, graças à facilidade com que pode ser usada num ataque de surpresa. Daí ser fortemente relacionada à morte.

Entretanto, em diversas culturas, inclusive entre os ciganos, é distintivo de maturidade e masculinidade. O jovem cigano recebe uma adaga quando sai da infância e se torna adulto, o que significa que está pronto para a tarefa mais importante do cigano: constituir uma família, trabalhar para sustentá-la e lutar para protegê-la.

De todos esses significados resulta que a adaga simboliza poder sobre a vida e a morte, mudança, transformação, crescimento e sexualidade.

O NATIVO DO SIGNO

É pessoa de temperamento forte e carismático, o que a faz ser cativante e respeitada. Possui uma mente analítica. Muito atenta à realidade e fortemente intuitiva, não se deixa enganar pelas aparências e procura sempre observar e entender o que está à sua volta, nas relações afetivas ou profissionais.

Essa percepção aguda lhe permite identificar os pontos fracos dos outros e ferir em profundidade, com ações ou palavras. Por isso, é importante que aprenda a se controlar, para não causar danos irremediáveis.

É uma pessoa de extremos: gosta ou não gosta, concorda ou discorda, sem meio termo. Mas sabe reconhecer os próprios erros, corrigir suas ações e recomeçar. Isso é frequente, pois sua vida tem muitos altos e baixos, mudanças e transformações.

No campo afetivo, é pessoa muito sensual, atraente e sedutora, capaz de fascinar o sexo oposto. Com uma sexualidade forte, dá muita importância ao prazer físico e busca um parceiro que permita realizar suas fantasias. Mas sua grande exigência é a fidelidade. Teme ser enganada, pois a traição é o que mais lhe fere. Por isso, custa muito a expor seus sentimentos.

CONSELHO

Procure vencer o pessimismo, pois ele só produz discórdia.

Machado

Período: de 22 de novembro a 21 de dezembro
Signo zodiacal: Sagitário

Planeta regente: Júpiter
Dia da semana: quinta-feira
Metal: estanho
Perfume: jasmim
Pedras: safira, turquesa
Cores: púrpura, violeta

SIMBOLISMO

Diferentemente do punhal e da adaga, o machado é uma ferramenta mais ligada à paz da vida cotidiana. Com ele o cigano, nos velhos tempos, cortava lenha para o fogão, obtinha madeira para consertar a carroça, fazia móveis para a família, abria caminhos para a viagem e clareiras para o acampamento.

Assim, o machado representa a libertação das condições impostas pela natureza e o desbravamento de novos mundos: ele corta os obstáculos, provê recursos, dá o poder de transformar matérias-primas em utilidades.

O NATIVO DO SIGNO

Precisa da liberdade como do ar que respira. Idealista e com grande senso de justiça, luta pelo que considera correto e não aceita atitudes conformistas.

Trabalhador e disciplinado, dedica-se ao que faz, mas sente necessidade de buscar aventuras e de abrir novos caminhos. Por isso se dá bem em atividades não rotineiras, principalmente naquelas em que esteja sempre aprendendo novas coisas. Gosta especialmente de aventuras, esportes e viagens que o permitam conhecer outros povos.

Frequentemente a vida lhe impõe obstáculos a vencer e fronteiras a desbravar. Mas é otimista e consegue superar as dificuldades sem se deixar deprimir. Às vezes, ele próprio busca essas situações, pois não consegue se acomodar a rotinas. Quando consegue vencer um desafio, seu interesse pela situação se esvai.

No campo afetivo, também está sempre buscando emoções novas. Apaixona-se facilmente, mas também se desinteressa com facilidade, porque não se acomoda a uma situação em que não esteja plenamente satisfeito. Gosta de um relacionamento cheio de novidades e surpresas e, se o parceiro não o acompanhar, dificilmente se manterá fiel.

CONSELHO

Não se deixe influenciar por qualquer novidade e não seja tão exagerado em ações e sentimentos.

Ferradura

Período: de 22 de dezembro a 20 de janeiro
Signo do zodíaco: Capricórnio
Planeta regente: Saturno
Dia da semana: sábado
Metal: chumbo
Perfume: cítrico
Pedras: ônix, quartzo
Cores: preto, cinza, verde-escuro

SIMBOLISMO

A ferradura tem um simbolismo ligado à luta pela sobrevivência dos ciganos. Usada para proteger os cascos de cavalos e asnos, permite o uso desses animais como montaria, para puxar a carroça e transportar cargas.

Representa, assim, o trabalho duro, mas também a sua recompensa: a viagem, a moradia, o conforto. Por extensão, simboliza a sorte que garante o bom resultado dos esforços e a proteção contra os obstáculos e perigos.

A ligação forte e antiga dos ciganos com os cavalos, como meio de transporte e objeto de comércio, tornou a ferradura um importante talismã para esse povo, que a usa para atrair a sorte e afastar o azar.

O NATIVO DO SIGNO

É um trabalhador incansável, cuja prioridade na vida é alcançar a estabilidade financeira e profissional. Sensato e responsável, mesmo que não consiga seguir a carreira desejada, dedica-se ao trabalho que conquistou, sem se deixar vencer pela insatisfação. Entretanto, a consciência da necessidade de garantir o sustento pode imobilizá-lo em uma situação frustrante que o deixará infeliz.

Perfeccionista, procura assumir a posição de liderança em atividades coletivas, para garantir que as coisas sejam feitas de modo correto.

É muito ligado à terra e, para manter o equilíbrio e a saúde, deve manter um contato estreito com a natureza. Deverá ter uma vida longa e tranquila se se cuidar.

Nos relacionamentos afetivos, não aprecia mistérios ou aventuras. Prefere o relacionamento com uma pessoa confiável e de personalidade forte, capaz de apoiá-lo. Sua meta ao assumir um compromisso é que ele dure para sempre. É capaz de amar intensamente, embora não seja dado a expansões emocionais, e será feliz com um parceiro fiel e sincero. Se sofrer uma decepção, seu maior desafio será se abrir para um novo relacionamento.

CONSELHO

Precisa ser menos teimoso, tímido e perfeccionista.

Taça

Período: de 21 de janeiro a 19 de fevereiro
Signo zodiacal: Aquário
Planeta regente: Saturno
Dia da semana: sábado
Metal: alumínio
Perfume: canela
Pedra: água-marinha
Cores: alaranjado, marrom claro

SIMBOLISMO

A taça é um símbolo de alegria, celebração, união. Ela não é um utensílio vulgar, de uso cotidiano. Especialmente entre as famílias mais pobres, o dia a dia se satisfaz com um copo barato. As taças estão guardadas na arca que esconde as preciosidades durante as viagens.

Mas chega o dia da festa: o nascimento do bebê, o casamento da filha, o aniversário da avó. Então a caravana monta o acampamento. Parentes e amigos chegam de longe. Cristais e pratarias são tirados dos baús. E as taças transbordam, juntam os clãs, brindam o acontecimento.

A taça é o símbolo maior desses momentos. Taças de amigos que batem atraindo boa sorte. Taça de noivos que bebem unidos para selar o compromisso. Taças compartilhadas em ritos de comunhão.

A taça também representa acolhimento e receptividade: recebe indistintamente qualquer líquido, o vinho mais sofisticado ou a água mais simples. Enfim, simboliza a mais pura amizade e alegria.

O NATIVO DO SIGNO

É uma pessoa idealista, inteligente e capaz de resolver problemas difíceis. Racional e humanitária, preocupa-se com a coletividade e procura colaborar para a construção de um futuro melhor. Com grande capacidade de aprender e muita criatividade, consegue incorporar novas ideias no trabalho, desenvolver projetos inovadores.

No entanto, esse interesse é impessoal e não se reflete nos relacionamentos imediatos. A pessoa tem parceiros de trabalho e amigos superficiais, mas não costuma ter envolvimentos emocionais profundos. É mais cordial que carinhosa e mantém sempre um certo distanciamento dos demais, apesar da atitude sinceramente atenta e receptiva.

Pondo as emoções em segundo plano, tende a preferir relacionamentos afetivos livres, mais baseados em amizade e confiança do que em paixão ou romance.

Tem ideais elevados e grandes sonhos que deseja realizar. Com a sua inquietude natural, entretanto, tende a começar vários projetos ao mesmo tempo, sem terminar nenhum, desperdiçando assim seus esforços e habilidades.

Além disso, enfrenta um conflito entre seu lado mais progressista e aventureiro e um lado mais conservador, apegado a valores tradicionais, que teme a passagem natural do tempo e as mudanças inevitáveis que ele traz.

CONSELHO

Só comece um novo projeto após concluir os antigos.

Capela

Período: de 20 de fevereiro a 20 de março
Signo zodiacal: Peixes
Planeta regente: Júpiter
Dia da semana: quinta-feira
Metal: platina

Perfume: glicínia
Pedra: ametista
Cores: violeta, azul

SIMBOLISMO

Em qualquer religião, a capela é o lugar onde os fiéis se reúnem para venerar suas divindades, realizar seus cultos e orar. É o espaço sagrado por excelência, em oposição ao espaço profano do cotidiano. Assim, a capela representa fé, religiosidade e espiritualidade.

Em algumas situações, a capela também tem uma função protetora. São muito conhecidas, na história de vários povos, as ocasiões em que igrejas e capelas foram o refúgio de pessoas inocentes contra invasores e agressores, que somente respeitaram, entre todos os lugares, a casa de Deus. Assim, a capela simboliza o poder salvador da fé.

Os ciganos, nômades, costumam seguir a religião dominante na região onde vivem num determinado período. Tendo viajado por muitos lugares, sua tradição hoje combina elementos do cristianismo, das religiões orientais e da magia. Desprotegidos pelas leis, ignorados pela sociedade, seu grande apoio, ao longo da jornada, foi essa fé expressa na imagem da capela.

O NATIVO DO SIGNO

É pessoa leal, justa, sensível, emotiva e amorosa. Embora seja muito espiritualizada e tenha o poder da clarividência, tende a se iludir com as pessoas porque é romântica e sonhadora, o que frequentemente provoca decepções.

Sua vida costuma ser dividida em dois compartimentos distintos: o cotidiano e o espiritual.

No campo do trabalho, a sensibilidade, a intuição e a capacidade de compreender os outros fazem com que aprecie profissões que lhe permitam ajudar pessoas, e também atividades artísticas.

No campo da espiritualidade, enfrenta as questões filosóficas e os dilemas da fé que a preocupam desde cedo. Na busca de respostas sobre o sentido da vida, o universo e a morte, pode se apegar firmemente a uma crença, passar de uma para outra ou até mesmo tornar-se agnóstica.

CONSELHO

Acredite mais em si mesmo e em suas capacidades.

ORÁCULOS COM MOEDAS

Oráculo da moeda

É impossível encontrar um oráculo mais simples do que este: é realmente o método de adivinhação ideal para um nômade que deve viajar sem qualquer carga e que quase nada tem. Para usá-lo você vai precisar apenas de uma moeda.

O modo de jogar é muito fácil. Segure a moeda na mão fechada. Concentre-se na sua pergunta por um instante, jogue a moeda para cima e apare-a na mão ou deixe que caia no chão ou sobre a mesa. Quando ela parar, verifique qual foi o lado que ficou voltado para cima.

No Brasil, o lado da moeda que tem a figura é chamado de cara; o outro lado, com o número que indica o valor da moeda, é a coroa[2].

Os significados das caídas são os seguintes:

Cara — A resposta é "não".

---

[2] Em Portugal, o simbolismo é inverso porque esses nomes vêm das antigas moedas portuguesas, nas quais o lado com o valor tinha uma efígie (uma cara) e o outro lado tinha uma coroa representativa do governo português. Já as moedas brasileiras têm uma efígie em um dos lados e o valor numérico no outro. Então, no Brasil, este último ficou sendo chamado de coroa, e o primeiro, de cara.

Coroa — A resposta é "sim".

Como você já percebeu, sua pergunta tem que ser bem objetiva, de modo que a resposta possa ser *sim* ou *não*. Se quiser saber sobre uma oportunidade de trabalho, por exemplo, a pergunta deve ser algo como: "Vou conseguir esse emprego?".

O oráculo não funcionará se você fizer perguntas como: "Qual é o emprego que vou conseguir?" ou "Quando vou conseguir o emprego?".

Jogo das sete moedas

Este oráculo é mais sofisticado e dá respostas a perguntas mais complexas. Por exemplo, se você perguntar se um negócio vai dar certo, o oráculo vai indicar se existe algum obstáculo e se, no fim das contas, tudo pode dar certo ou não.

O material do jogo consiste em sete moedas iguais. O valor, a época e a cor são da sua escolha. Providencie também um lenço amarelo. Use-o como tabuleiro de jogo e para guardar as moedas, fazendo uma trouxinha.

A forma de jogar é muito simples: abra o lenço sobre o chão ou a mesa. Segure as sete moedas juntas nas mãos, concentre-se na pergunta enquanto as sacode e jogue-as sobre o lenço. Conte quantas caíram com a cara (o lado da figura) e com a coroa (o lado do número) para cima.

Os significados das caídas são os seguintes:

Sete coroas — A resposta é positiva — o sucesso é garantido.

Uma cara e seis coroas — Há alguns detalhes incertos, mas o resultado é favorável; prossiga sem hesitar.

Duas caras e cinco coroas — O momento é bom para agir; mesmo com atraso, tudo pode dar certo.

Três caras e quatro coroas — A situação tem tudo para dar certo, mas é preciso tomar cuidado com possíveis obstáculos.

Quatro caras e três coroas — Pense um pouco mais e siga com muito cuidado, se quiser ter sucesso.

Cinco caras e duas coroas — Há detalhes mal explicados; pode haver um caminho melhor para você.

Seis caras e uma coroa — A situação é muito arriscada; pense muito bem antes de tomar qualquer decisão.

Sete caras — A resposta é negativa: não vai dar certo.

CANTIGAS DO CIGANO DO ORIENTE

Pisa firme, cigano,
Quero ver o seu dançar,
Pois na roda de cigano
Ninguém pode balançar.

Ventou poeira nas bandas do lado meu.
Ventou poeira nas bandas do lado meu.
Cigano não está atoa, cigano é amigo meu.
Cigano não está atoa, cigano é amigo meu.

De onde eu vim,
Caminhei sete pedreiras,
Passei por cachoeiras
Onde mora Aieiê.
Lá na campina
Onde a lua é prateada,
Sou cigano na alvorada,
Sou cigano, eu sou mais eu.

Minha mãe está me chamando,
E lá vou eu.
Eu sou cigano,
Sou cigano da aldeia,
Eu sou cigano
E cigano não bambeia.

Este livro foi impresso em agosto de 2020, na Gráfica Exklusiva, em Curitiba.

O papel do miolo é o offset 75g/m², e o da capa é o cartão 250g/m².

A família tipográfica utilizada é a Minion Pro.